You'll Never Walk Alor

This is the club, that will be remembered forever! Players, Managers, Teams, and all the best and newest facts about Liverpool in this word search book. Make a Daily Liverpool Word Search a Healthy Daily Habit for your Peace of Mind.

If You enjoyed this book, please leave a review! This will help me and this book to reach more readers like You.

How to use this book?

- **Words you need to search:** You need to search words, that are shown at the bottom of each page. Words that are in parentheses are only for information. For example, if you see the example - Band (The Beatles), then you need to search only the name - Band.

- **Directions:** You can find words in these directions - up, down, right, diagonal down, diagonal up! Example below:

```
T V L H W D R M Q H J O N B I P S W Q V
S Z Z K R C F Q M E I D P Y L V X S X P
I Y I W G P C G H F Y X I R W Z U W A A
Q U Y A Z L Y F Z P Q N S A Y H W J C T
S U O V Y L O G A M S Z Q Z X B D K X R
I K I K D R Q S G X J K A P R D F B Y I
A P L E Y T H Q Z N U Y U X Z B S H K C
K K E H S H J Q C S J Y V R Z E A J H I
W F J R W B Q F L Y O M A O Z R T V Q A
U S X D V H Q O G B R D Y Q O N R M R E
N A T O D Q N W K B P R U B S U S A N Y
C V I K R K S K B A H U E P N H B R Z Y
Z J K M T C C Q C K H D K G B R X Y L C
P H P F W G L C Z S G J E B A Z O K D P
H K M J T G T O Z L Z V Y B K I M X A J
S C C Y J T J V H B K T Z C R L P B Q G
N J M H G A D D U V A L I N D A O B O B
L N F M C P K K M N P R Z T M V H W R M
A G V V Y G Q O A G N I F Y R Y K P N R
C Y Z T R I D K H A T R K B A E R J N W
```

LIVERPOOL WORD SEARCH

BEST LIVERPOOL PLAYERS EVER - 1

```
Q O X O K H H W C S K N W C E I S R F O
H S T E V E N X N C H S K S G T O F I Y
Y W B D R J V P S N S H I W R V K T M U
K G N E S G P I J E R U S H A D M Q D P
N H W J L O Z A N A O N A Q E J B N B Y
B S R N X X J U V K G T H R M S E F S H
S A F T L D O Z A I E B Z L E Z F N U J
Q D D F F S R H N L R N U C G Z R E A E
F F V S H A L Q D P J G N B X B G S I K
D A R O B L A N I Q K O I Y K Q E M V A
V F T J U G U M J I E N N L V D T F E C
T W N D I E P I K E F I C W M A Z L X F
W G M B Z R Z P S R R M B N E J W E J I
W I O Y S R N E R S F A N A R P W E N C
J O H N Y A N Y X Z D D U G W M W O Q B
Y G A S G R L C S D C Z N E B A L Y X B
V I M E A D I A N L G L Y F G E C B C F
W Q E B J L C L H X T L K Z Z K T X C R
V K D A L G L I S H I U Q N A F V N H M
W N A A W I H K Q Z W M E B W D M G A F
```

FIND:

- Kenny Dalglish
- Steven Gerrard
- Mohamed Salah
- Luis Suarez
- John Barnes
- Ian Rush
- Virgil van Dijk
- Roger Hunt
- Graeme Souness
- Kevin Keegan

LIVERPOOL WORD SEARCH

TOP LIVERPOOL MANAGERS OF ALL TIME

```
B W K Z Q Z N O B K U H Y Z P W J C P V
C L N E F W S E A Q M Y L R D E Q Z U W
L M P S B A G M W A P F S T X Q J F U U
H I E V A N S N L X V G V K F J H T J
P V U D E S Q F I G Z A H B G R U M V K
F A P C Z E H V F E E Z Q E L U F X K
I V P C P D O W B R B Y A N N K Q P E M
J P U D H D U G O A O Q O I R Y X Z Q P
W F V J H H L M R R R S F T I Q D W N C
L T F Q A N L H V D T C Z E C I Q V D R
E Q F P N M I E I A P H L Z V G H W A S
K M N K P E E E W X T E H A Z D H A F T
S M E U M P R C A J A B D Y Y D E Y J M
E M P L M O F F Y F M G W Y Q / J E O C
D D W N V R G F A V J N B O F B J T T K
V X U Q S O S R E M G F H G S E J O Z E
W U Z H K O M G K Q D B E Q S K N B H N
A V T M O L R A O M Y Z C E D C S K C N
L K J I K I X P D I Q M W S R E N F J A
G O P J Z A I K O Y X C Y H I B Q Q N I
```

FIND:
- ☐ Roy Evans
- ☐ Barclay/John McKenna
- ☐ David Ashworth
- ☐ Gerard Houllier
- ☐ Rafael Benitez
- ☐ Tom Watson

LIVERPOOL WORD SEARCH

TOP LIVERPOOL MANAGERS OF ALL TIME

```
T F G X R Q W C F O E T G X R N Z M M O
W T Z Z I X G W Q B H F Y N Z N W C W B
R W D F B P A I S L E Y A Q M D P B C A
I J Z A Z H W Z G H G G P U J P Z L E H
Y V H J L U L C V A R R S O I N E V E
W I J U R G E N S F H N G L Q C N Q V H
G H X O T X L J N I U S K E N N Y F W G
N D Q F E H X I S K Z F C L C L Z S F F
V E P U F N T X S U Z A W B Y L R L L U
C Z W G T D W H C H U Q L J V C P W B H
L I Q W I N Y S O Y U L R Z F P F I P L
M X Y K Z G I P F T M O Q E A L M D N S
U L I I I J Z M E F X G B G P U N K F X
C E I M U M F V M Z T D I O C U X Q B P
P C Q G W K Z W F H A K L M B B G F L O
M Y O W C N N M K C U L L J Z T Y V D H
V H X M X G X V B N S X W J I E C B S Z
C S K A X C U Y A Q N G C Y Q G O L Q Q
F S L Y R F X C A V Q X C D E C X X P V
M Z U K Z M U Y T C P R L B U K G L I R
```

FIND:

- ☐ Joe Fagan
- ☐ Kenny Dalglish
- ☐ Jurgen Klopp
- ☐ Bob Paisley
- ☐ Bill Shankly

LIVERPOOL WORD SEARCH

BEST LIVERPOOL PLAYERS EVER – 2

```
A L A N Q R Z L E V F Q T C J D Y K D W
S A W W C O O O Y L C N Z W Z Z E Z M B
T E Z O M B S N C M O S Q H S Z H D L G
Y W K K L B S R N I Q W I R T Y J Q X R
Z X E O D I A N T P B Z F V V A P V N N
X B Q R J E D F M P H I L I A N M F W W
T U U U H Q I D O N V H L H Y G H S U D
U K M S N V O V E W T W G L A H A G I N
L Y S G Z U E S K L L O M F Y A C S H O
F F H N M A N É W T L E Y Z U S A A B A
Y O U Z C A R R A G H E R P P Z L U V J
A N E Z H U G H E S J O H N G B L D H V
D M H A U A M J T K T N M R F R A F Y E
V Q Q O P K S A N T W F T P J W G S I Y
Q L F X N R E N A Y D F P G S E H M D J
I F D P L Y O R K K Z N E P H O A D N S
P A U L H L E D Q Q M F D G P J N S W L
E S C M B T V N O D I K R A S X Q D J X
A T Z M V Y F F G S Y M T V Y U P C Z A
Q T X B U F Y L M F P L I Y L K T Q R C
```

FIND:

- Ron Yeats
- Phil Thompson
- Jamie Carragher
- Robbie Fowler
- Sadio Mané
- Emlyn Hughes
- Ian St John
- Alan Hansen
- Ian Callaghan
- Billy Liddell

LIVERPOOL WORD SEARCH

ALL-TIME LIVERPOOL STRIKERS

```
F K A E U Z C I D B D B B R B E O S J O
W C O F H X H R U U C K Q C F J S V Q U
Z U Z S L V D R O C Q K M C U J D U U W
X S L N J Y T O L Z L R L S B O P B N D
W U M T S O D B J Q K H W S C O X I Z S
C N G Q T S K B D D E L F R K O V E H Z
Z A J D Z W J I Z I E L O G J E C N T I
L B V N C C C E I Q G P D Y K R Y F S S
L C P X N P G O A A A C R X Q E L G V W
T I R E Y D B D N C N M M W L Y N H N K
S F W L I H C T W H V T O S H A K G N
Q O E R R S T J O H N T D S I K X W Y Q
V W D E H U T J V V G R I T E P P Z Q T
Y L T L I B S O S Y A G M J J M Y B N U
A E B N M I C H A E L U H U R O P F C Z
P R T I O W E N B A N X E H W P U R V S
Q M L N N H I I D S I A E Z W V X K B N
W I H O D B H V L I R F X A K Y P D F D
B Y U R B G W A O B J J L O G V N K M K
E S V A R M K A T B H R S H Z P B R F W
```

FIND:

- ☐ El-Nino
- ☐ Michael Owen
- ☐ Robbie Fowler
- ☐ Peter Beardsley
- ☐ John Aldridge
- ☐ John Toshak
- ☐ Kevin Keegan
- ☐ Ian St. John
- ☐ Kenny Dalgish
- ☐ Ian Rush

LIVERPOOL WORD SEARCH

LIVERPOOL FC HONOURS LIST

```
M F Z P L N X F U J O D A P X S S Z P L
W P X S Y Y Q A H O K U W A D U Q S K X
M B P X K J P B Q I F N E N T N L W H G
Q N W P R O J P S C X V H A H B D K G R
N C H A R I T Y J W I I B A G E G C N R
X I S U M C T K P Q L Y O V R U Z S M Y
N W E L Q C H F F R T W U F O R N R C I
P W C E P L E A G U E F X S Y O N N R M
Y I O U D S S X M P V M D U M P K V L K
M S N R S P P Z H P F C I P X E H L M B
K M D O L H O S A Z I I U E F A U D E W
B B E P X D I V I S I O N R R N P S K E
S M D E E L L E A G U E N T F I Y O M K
B B R A G F R E L M C G D S N C A I G P
Q O L N C P J N A D C T Z X F T J R B U
I T E C V K V F N G K M L G Q Q M V Y E
O U N L W A N Y A Y U F T H J X L M H S
O D T G S X S C L U B E C X G M C N C H
P U W N I L S U P X L Q T C C O V E I T
G U K I C P T P T C G M V R R A U C O Y
```

FIND:
- ☐ European Cup
- ☐ UEFA Cup
- ☐ European Super Cup
- ☐ Club World Cup
- ☐ FA
- ☐ Premier league
- ☐ Charity Shield
- ☐ English Second Division
- ☐ Champions League
- ☐ Europa League

LIVERPOOL WORD SEARCH

TOP 10 GOALKEEPERS OF ALL TIME

```
W S N Q P X T P Z B I T J C A W S K N V
G F L K T R N J G N C G H K X I O V U X
F C A Z E S M J B E W F V N G R H C X Y
J J I L Z B C M Z E R I X P Q Q E E M G
B E E H C R R X K T E G B L Y W N V T O
Z C F N E K V U Y P E X C M U W V T E B
G U C R T U Y Q C P W Z T C U L Q M D V
R Z X G T H G V C E T G P C D J T M E U
X K L T G T Z R Z P W B D R W H S C Z B
E E A B U K Y E A E S F J H W P N T A Y
V P S M A T T I C Y K Y T D R E H T A L
F D S L C W Z N W C B E H A R D Y H P M
T C U A N Q E A B A K R A W L D S G H C
S B R D Z M U P D J K L A A S I H I F M
F G I W E S T E R V E L D K L L S T A O
P L M L C K N E E B S R X E X T T S T P
Q F C X P S D V B N H W Z N X T P C O T
L T U H U N S O Z G J R S Y R G Z O M N
E H S G A R R G D R D H P N M C P T M G
Q V V S T G Q U X P C A T J G N F T Y Y
```

FIND:
- ☐ Alisson
- ☐ Matt McQueen
- ☐ Sander Westerveld
- ☐ Sam Hardy
- ☐ Jerzy Dudek
- ☐ Tommy Lawrence
- ☐ Elisha Scott
- ☐ Bruce Grobbelaar
- ☐ Ray Clemence
- ☐ Pepe Reina

LIVERPOOL WORD SEARCH

BEST LIVERPOOL PLAYERS EVER - 3

```
C P N Y C H L S D W R C E R A Y O Y Q T
W D A R G U J U A L I S S O N I H K E N
O X H T I I W T A Z L J I B T W Z T W T
L S F G Y F H Z V U D D U E E Z B N Q I
T U K G P U A V E O H Y V R R Q Y O V R
Y H P S A T M O T P F N D T R Z J V S Q
Z B I F D L G D B S O N R S Y X H M E E
F E K P J T B U R S A T T O M M Y B B K
P E F L F E Q X N T F Q O N M D Y B M Q
H B O O G K A E V E Z G I X E Y P G R L
B K V N W N R F R V A L A N U V I H Z O
V D I H K W N C L E M E N C E P A F M U
Z P J F A F W H S S Q E O E M C H F Y U
T V W L U K S M A R K D A H E D E A Q N
S C G P P W X M M A N E I A V N I C Q L
J I A C I Q T T I Y I S N K V O G B B Z
W Q M C D E R M O T T F X N L X H X N J
B G L V B G H N P X H V C X E I W W Z J
Y X E A I L G X Y W X S A M L D A N T G
J I X G L C I Z E G A Y I I Y B Y Y A I
```

FIND:

- Ray Kennedy
- Andrew Robertson
- Mark Lawrenson
- Terry McDermott
- Ray Clemence
- Alan Kennedy
- Alisson
- Tommy Smith
- Sami Hyypia
- Steve Heighway

LIVERPOOL WORD SEARCH

2018-2021 TEAM

```
D D B K G F I K S N G S Y É S H B T E Z
F B O K G J A L I S S O N D B X C E X B
J H P I W Y Ë V U T R A N D R E W E J I
Q O H C I O Z F I R M I N U N J R P D C
I G R E J G R X O E S A L A H T U B C D
L H O D N Q O O E N L A T I K J F Z M L
V V T Y A D B H B T H W D I U K I Z I B
O V B S L N E T F E A T O I P A Y G A B
M G U B D A R R G G R Y D W O K R K D Q
M E L N U E T H S S C T I M B I J K Q Q
E O E F M X U V X O T X S U V M U U D C
A R H Y S K Q O D T N N F O A O H H V R
O G L A L E X A N D E R A R N O L D L Q
J I Q C M T X Y P M K S B R D A J N O A
H N O I Y E T C N K R R I Q I N B B I J
B I E K N A D H A T V D N E J K B M E T
S O V J A C N W H C R C H G K H B L I K
I Z F C B Z A N O C Q Y O D J F M X V F
R H G N H D L J E U M U S V Z T M Y R R
W I N N K G J Z H X T K G G R C B L Y Y
```

FIND:
- ☐ Sadio Mané
- ☐ Robertu Firminu
- ☐ Mohamed Salah
- ☐ Jordan Henderson
- ☐ Georginio Wijnaldum
- ☐ Fabinho
- ☐ Trent Alexander-Arnold
- ☐ Joël Matip
- ☐ Virgil van Dijk
- ☐ Andrew Robertson
- ☐ Alisson

LIVERPOOL WORD SEARCH

LIVERPOOL'S 7 BEST ACADEMY GRADUATES OF THE LAST 25 YEARS

```
O U J Y T Q C Z H H S H T B C S Q B R R
J I E F P M R C I K F J I Y K U C T Z D
Z H L Q C M M U A I U G W L U G Q D J H
Z Z Q W B I Z V R H Q X B O R C W N D C
Z W B Z P Z N W D D D Y K S E Z Q O O T
N R C T S X F E H T S K C Z G I C Y R H
C V C R N D O R N J K S L H Z J O I T I
G S U F D L W T B Y D K B R B Z H M Y K
Z P P B K V L O X B G C D O Q R Z I P K
P I P Z G U E C T K Z I Q B M S A M L E
W J E T F T R H Y I B E Q B X T I L K N
T A L O T S D I L S G U M I H E Z W A O
K U R A C R E N Q S T E V E L V D M V F
H J M N H X C D F K Y O R E P E A F X H
I C S Q O K H X I C T R A R J N J N G D
X U P P I C A R R A G H E R A K U B O N
Q Q G X B H K Z F W C U I M M R C U W A
T O H Z G O D O M I N I C G I S D P E Z
G A U Z P O W O M B F M S T E P H E N A
T A A G U T L M T Y B D T W B B L N N G
```

FIND:

- ☐ Dominic Matteo
- ☐ Stephen Warnock
- ☐ Michael Owen
- ☐ Steve McManaman
- ☐ Jamie Carragher
- ☐ Robbie Fowler
- ☐ Steven Gerrard

LIVERPOOL WORD SEARCH

BEST LIVERPOOL PLAYERS EVER - 4

```
B J A I P T F V J Q C D R T V Q T S Q W
O A S L P J R Z X Q U T V M W A T V N H
N C A S E E X I U G D A K E E K I S W E
U B M H E X M S R J R C K C O D F D X L
Y H M C O U A I U U L I H U T G L A Z A
S V Y S P I V N V V G G J E P X E B H N
M B P I Z S N K D B K K O Y W Z B O A K
K K H P M G H F S E O C K P V K C J T M
T K L Q T C E E I B R F G L K H H I K K
C A M U Q Z N J O R D A N W P I P M K Q
C U F Z I U D M C U M O R P G Y R M H G
C I B V L G E S A C O I M N R V Y Y H D
N X V C B J R M B E L R N L O B L C M V
H V M C V N S K I W B N O O B L O M E D
Y C H K B A O N R Z Y F T B B N D W H U
E R H P T Y N L K E A S O W E N C U T Q
J G P X F O O Z M I C H A E L R D R K B
V W C B R Z F N S F F G Y T A E T F S N
X H R Y G Y I W N Y Z C G E A N E O Q F
S D O I C A M P B N K C H T R E N T W S
```

FIND:

- Jimmy Case
- Michael Owen
- Sammy Lee
- Roberto Firmino
- Jan Molby
- Jordan Henderson
- Bruce Grobbelaar
- Trent Alexander-Arnold
- Ronnie Whelan

LIVERPOOL WORD SEARCH

LIVERPOOL'S BEST CENTRAL DEFENDERS OF ALL TIME

```
W Y K X C C T M U F J D H J J Y B Q H C
N H Z K U Y C I G T L Z G I V O M K D O
O N C O P J Q D K Q C P I L P V Y K O Z
Z D E A K G A U K V A M L V W N Y K C G
S P K S J A D V R S R R L I V E R J K A
Z N L A K O C W O V R Z E E V A Q P T R
B N N C J Z W P Z N A Z S A M I I I S Y
O S Y F L B V J O C G E P X R L E M O E
O B I E B Y P S U I H C I A L D Y X L A
B G J H W W P T K G E P E H L U E N K Z
P V X W L M R A U X R R T E A G A T Y X
P D K P O R L H Q W Q I X D W N T G K I
S H X H P H O P E M M A E D R Z S C R M
X N T J Y X Z P J S Y L H Q E Z E E O Z
D Y J O T Y F Z T F I E J I N B Q T N P
Z F I S M D P Y G H I X A Q S F O C N S
Y N X J K M R I P M Y P L I O E P G L G
E K U C O X Y Q A I A K A A N F D R S J
X K G F N B G J I Z X N Y U Z U P C H
X U W V C Z E W K X C W E H A F F G F Z
```

FIND:

- Alex Raisbeck
- Gary Gillespie
- Mark Lawrenson
- Phil Thompson
- Emlyn Hughes
- Jamie Carragher
- Tommy Smith
- Ron Yeats
- Sami Hyypia
- Alan Hansen

LIVERPOOL WORD SEARCH

BEST LIVERPOOL PLAYERS EVER - 5

```
D B S Q U F P Z U W C Q T U L H Z T G Z
M A E W U Q S H M W S U Q E B Y R N E M
C C R A F N T Z U O P P U S T E V E J H
O B M I T Z U F V E W Z E X N Z M S T H
Z F Y A D Q B C J O H N K L B M U M L K
O C L I H T B L N Y V L I I I F R W H N
M C U H P O I P J Y L M E C X Z X S N L
J T M C M A N A M N M K B O M R T H F
J E T P U K S M K O M U Y D H L K Q C Y
N A L O N S O Z D G X E N V L A P G H A
Z P T G U T O R R E S A S U W W T U O Y
L V W J N O J X P R N D B Z C R J L O N
N Y V Q D W T Q E R R T D I T E A C O P
B E N S D T I X E Y R G I R W N Z M K U
G H I V Z Y V F P E B G E W K C P X N P
K B F Y V J T Q B Y J S T E V E U E X Q
R G I N S T T L P C I X T Q X P L M R K
E H P L E W A L D R I D G E K X O E A O
A K E Q M P C B E T V U Y W V B F M E E
M S K A Q A G C M C V F O P O E I N M H
```

FIND:

- Steve Nicol
- Xabi Alonso
- Steve McManaman
- James Milner
- Tommy Lawrence
- Albert Stubbins
- John Aldridge
- Fernando Torres
- Steve McMahon
- Gerry Byrne

LIVERPOOL WORD SEARCH

BEST 11 FOR EVERY LIVERPOOL DECADE – 1960S

```
W A H X F W Z E C A L L A G H A N S E E
D T U U G W I L L I E A L B Z Y F J W R
T H N B E E A Y E A T S W O X L L P K K
N L T H O M P S O N N M R L M A Q Y D E
W P I S F M J R O N B P T U E W Q M W H
T D A D F T W S B V K H G E R R Y G P T
S F N H D Y N J N I G G R U D E O O U Z
Z D R Z Y E O G T J Y P O C S N W P A Z
T D T Q V J L G H F Q P Y Z P C E H H V
R O G E R K E L O Q U E Z N P E L Y U E
N U T T F D O V R F J T L R S Y T Q V J
T S T J O H N H H G H S A J E P E E G A
Y T I N B M C U T W Q M P P B L D Z R C
G R I S G R M Q M X F C E T J F M Z I U
C O D R V W B Y M D V R Q G G X K C J W
O N U H S A L D W S P D G G D Q T Q B V
K G K M Q L T N U V G Z V H J H W Q L N
N C H R I S K C N Y D M J X O O A N P V
O S Y B Y R N E K Y A T X F W X W I T Z
J M E F D R S W L I D K Q G G G M F L U
```

FIND:
- ☐ Tommy Lawrence
- ☐ Chris Lawler
- ☐ Ron Yeats
- ☐ Geoff Strong
- ☐ Gerry Byrne
- ☐ Ian Callaghan
- ☐ Willie Stevenson
- ☐ Peter Thompson
- ☐ Billy Liddell
- ☐ Ian St. John
- ☐ Roger Hunt

LIVERPOOL WORD SEARCH

BEST 11 FOR EVERY LIVERPOOL DECADE – 1970S

```
E Z Y I W B M Y F B E B C G V G H X P X
K U N C L P V K D G O B N Q A B Q P Q H
C C J O K K Q W G I A A F T A I E J T M
V L A X G G C U Z N D N L G U Q R I G N
N E V S K C Y M O J M K C A U A M E M Q
P M U R E D K W H U K M I U S C G K N
M E M T E R R Y V I Y J J I X T T S R Y
S N C N J Z P F W A W R F B A F O E Z G
P C N K D S M I O J D S F K I M M C M N
H E I G H W A Y P C L E K K Z V M N B E
K E V I N O N P V P H C Y D K C Y I I A
O E Z M M K O Z V T A X Z L S K O Q Z L
O B E O C G U X C H E Y D Z S T T W T C
Z F E G T D B C S O M Z U V Z Z P B C V
F G Y I A J E O B M L V V L O L L W M R
V F Y Y D N T R I P Y X I M M G V P W O
H A T H U H B J M S N H U G H E S A E N
R M V O J A E K P O P H I L I P F N C A
U A A M E Q J O H N T J Z L J L V U C O
T D Y K V I E I K K U T W H B Q M Z Q B
```

FIND:
- ☐ Ray Clemence
- ☐ Phil Neal
- ☐ Tommy Smith
- ☐ Phil Thompson
- ☐ Emlyn Hughes
- ☐ Steve Heighway
- ☐ Terry McDermott
- ☐ Jimmy Case
- ☐ Ray Kennedy
- ☐ Kevin Keegan
- ☐ John Toshack

LIVERPOOL WORD SEARCH

BEST 11 FOR EVERY LIVERPOOL DECADE – 1980S

```
W A S A C J Z K T Y Y A N A O C Z P G X
A G G S Y O S V L P E Q W E E K Y G Y C
L T M R W H Q T B Q R M M Z U O H Q Q M
Y H D R O N N I E C X O N Y U U X U T P
O T Q A U B N W T V B J B F C G I Z Q J
B O O N Y S B R U C E L Y A Z U Z O F Z
B V D N V X H E X S O U N E S S X F E O
U T N X I L P C L M N A V N P O H W K S
I E F G Q C O U G A V A A Z A S Q U Z N
K B G I L C O L J R A L F N I L U U Q N
K E X U E Z W L Q K A R C L Q D A V P R
G I N L I N V H D C L E G B A T N N E L
L F E N N S L P E D D L M X B W E Z Z R
I K G R E R E T Z L A W R E N S O N W Z
Z R N N C D J W A D A R V F N R A L Y H
E B R D E O Y H R V D N L A C I R T C W
Z A R L I E O U C B U A H A E E U A X L
B Y M P B P L P H E O C Z S C Y U V N F
D T T K Z B J N H M Q I K E F U P G Y C
A T X K G Z B C X C K J H U U S F C P Z
```

FIND:
- [ ] Bruce Grobbelaar
- [ ] Steve Nicol
- [ ] Alan Hansen
- [ ] Mark Lawrenson
- [ ] Alan Kennedy
- [ ] Ronnie Whelan
- [ ] Graeme Souness
- [ ] Jan Molby
- [ ] John Barnes
- [ ] Kenny Dalglish
- [ ] Ian Rush

LIVERPOOL WORD SEARCH

BEST 11 FOR EVERY LIVERPOOL DECADE - 1990S

```
M P L Q C Y R D I E T M A R W A G U N Y
I V C O W Z I E W O K Q A O G D R F A H
O Z H M P D I B J O R N E B Y E X E V I
M G R R U X O V H T A C M M L P A B A B
S N Q A Z G O D Q M W G Z W G Z V M W J
I T Z G I P I S A J N O L N V W P B I
V M H S L V E N G E K F D D B I W A U H
Z Q G S A N A I G A V J Y G H M U A V Z
Q X Y D O M I N I C D E I F E X B I V D
H G H J C N I R S R V S E O F Q X T H A
D I A M A R K L S E E E U Q C H B R Y C
Q Y M A T M I Q T M Z D E R B R T P T Q
L P A T R I K S A P I T K D R D F W S T
H S N T T V F J N O O P B N F V T I G T
C I N E B R S A O W A Z Q R A T Y K N
T W C O L L Y M O R E T O J H P L W W C
E A R R O B B I E I K Q W A M K P P U E
F A E G S C B E R G E R D M Q T E O M Y
A T X M Q L F O N H O J P Z V T M L V T
P R S J D P J T S T I G J M L V D Y S W
```

FIND:
- ☐ David James
- ☐ Rob Jones
- ☐ Mark Wright
- ☐ Dominic Matteo
- ☐ Stig Inge Bjornebye
- ☐ Steve McManaman
- ☐ Dietmar Hamann
- ☐ Jamie Redknapp
- ☐ Patrik Berger
- ☐ Stan Collymore
- ☐ Robbie Fowler

LIVERPOOL WORD SEARCH

REDS FIERCEST RIVALRIES

```
Z A L C L X C X F M K Y Y B O G K R M K
G J M O E W O R H Z B K F S N N P K A W
S L A A E Z U C U R X M J L X R D G N Q
J F Q T D P Q O C L E C V S S E M Y C X
I N E W S R V J S I L S Q J T F W B H K
D P J T I W I V U H P Z W I W G B Z E K
O L O C J N J D V Z M I N H X Y S G S A
I H A L O C D Q B M T U N I T E D X T R
G V N V B J T F V T U S N W U U J V E S
O O W I W T O W V N W C H I X K P T R E
Q P C Z M R G X E T W H M O T I S O E N
O U I T U M Y X O K C E Y Z G E W T V A
X X X J E B H R U X E L H Q R D T E L
P Z H A R N G S N N D S X C Q S Y E R B
S X N N E W C A S T L E N S A T B N T H
V Z C J A G H C O V Q A F I I F Z H O K
U Y L Z L E J K U L M O A C M I L A N J
F Z X K L G O K T A E R G Z P Z R M M R
H N C I C O H B X X L E Q U X B D Q L F
Y T V F J Q H E Z O K S H U G W D Q V W
```

FIND:

- ☐ Leeds United
- ☐ Newcastle United
- ☐ AC Milan
- ☐ Manchester City
- ☐ Tottenham Hotspur
- ☐ Real Madrid
- ☐ Arsenal
- ☐ Chelsea
- ☐ Everton
- ☐ Manchester United

LIVERPOOL WORD SEARCH

BEST LIVERPOOL DEFENDERS EVER

```
E K O R K H P W H I Q W M E F J O I V Y
N H W B S G C W C I V N A L A N X J T P
P C D S M A A D T T Z X D A U T E E T Z
Q O N X O M R Z E L N N H Y Y P I A L V
S M S O P H R L P I X K N C N M B R L U
C W H P B O A H U C F R B M A I E P E O
B N P H Y H G L L H L F L J O L C R I A
J I Q D J L H E R B P F X W R A O J R
H L S M W O E R G I A G K A V G A L N
E U J Q K C R I I S E D L T J O H N E E
Y D C I P E Z H M M H M R X Q W S I V Z
O Q T B I B G H U C H R L U L E C E U Q
C M O J O Y N H O G U I C Y D J T N X Q
R V L J S V X X V F H I M E N S A M I B
H F X G N J E P A P K E N N E D Y S G U
U H E D S T T E T I Q E S K Y G P R O I
Q A C M M W G C Z N S M B V T D Y B P S
R M P T A I Y O N N I H U N B R C F R I
U H X Q T F R R A N X G A F Z Y W V B H
B D N I S U S H T Z A D R Y G S V K T W
```

FIND:
- ☐ Alan Kennedy
- ☐ John Arne Riise
- ☐ Ronnie Moran
- ☐ Jamie Carragher
- ☐ Sami Hyypia
- ☐ Alan Hansen
- ☐ Emlyn Hughes
- ☐ Phil Neal
- ☐ Chris Lawler
- ☐ Steve Nicol

LIVERPOOL WORD SEARCH

TOP CELEBRITY LIVERPOOL FANS

```
Q B R I P V D F J D T G T T B M G E N R
P J H Y M B Q L J A C K S O N Q N I M C
N Q G N U L L W O Z N I A C K I F O G S
G M V H F Q C A H X D N G R Y H U T E V
O E N R B R R T N E L S O N C N O M S V
T H C I C U C E V G A N C P E Z A I V B
V S Z T B P X B B P E F R V D J O K L I
D C O F H T Z P P I E L A Z Q M Y E R S
R S E A B W R W L X K O I U Q F U W F H
A T X Z Z P S O X Y D E G N M M K W F O
W G C V T K J Y F X A R B N A J D H R P
S O U O C X T O W G N I D S N A R B Z G
B R Z M A C R H S O I K A R D G H R I Z
F O V R Y A A J R E E S V U E I C R G O
T T W G Q R Z B W J L S R H L Z L W T I
U F L P Q O E S E Z C O Z X A X V F D Y
Z B E G M L K L S Z J N E E K Z O M K N
Z C R C P I V P T U G T C A E N I A J R
M V K U T N P H O Z P D K K M I F B G X
L I R S V E N G Ö R A N S P E Z W J A Q
```

FIND:
- ☐ Dr Dre
- ☐ John Bishop
- ☐ Daniel Craig
- ☐ Mike Myers
- ☐ Sven-Göran Eriksson
- ☐ Angelina Jolie
- ☐ LeBron James
- ☐ Samuel L Jackson
- ☐ Caroline Wozniacki
- ☐ Nelson Mandela

LIVERPOOL WORD SEARCH

BEST LIVERPOOL MIDFIELDERS OF ALL TIME

```
M U T X B D W B C L P S M Z R L C X E C
O X C P H D H I G D O Q I Y W J X M S Z
N U K I A N H R H V U C E H E E D C P S
D Q B X V O U Y W Z K O C I N P F F P T
M A A U X Z I N F B W K L F V H Q T W V
X D R Z E Z L K S T W H R U R R Z Z N I
C H N V X F Q P T I J T C M N F S V R U
T J E B Q U B O K F D A V K K E K L R M
E T S N S O M E F G V Q G I Y E Q O V C
S X Y Q D R M X X O B N S O U N E S S A
N O M Y E E I Y N B B O S F R Y F N D F
A O S D A L R A A M L N Z I N G U O T Y
C F C R N Y H S S R O J R X K W D C J E
D A G R M G J K O L M R X A J B C Z G N
M A C M A N A M A N B D M Q V S A H E N
V O I L A H N O T S V L W I Q T S V R H
P J L D X J C V E W V H W V X S E E R O
R A R B O X B C S O P H B Q K T Z R A O
C O B V Y P K C L C R A R M S Z W Z R R
J O H N Z J V P D E W Y H N P A H C D Y
```

FIND:

- ☐ Steve Macmanaman
- ☐ Jan Molby
- ☐ Jordan Henderson
- ☐ Jimmy Case
- ☐ Terry Macdermott
- ☐ Xabi Alonso
- ☐ John Barnes
- ☐ Graeme Souness
- ☐ Ian Callaghan
- ☐ Steven Gerrard

LIVERPOOL WORD SEARCH

TOP LIVERPOOL SHIRT SPONSORS

```
O T H G L H X G Y H Y U V U T W S V L O
R W F B N V D F Y L E E Z N R T L H C V
U F F B P B I V U N G L T O N C G C N W
I S T K H B Y V U C Z G H I T A C H I D
I L T A Q I L U P Z F A A I S R R A R Z
K P T Z V C P I K M D P H G V L O R Y J
P Q E V S S X X C B S T O K Y S W T J G
V J N F H I G V K P E F E O U B N E A W
K R O W H S S V X T J W U A N E U R A K
L L D I I Y Z H C S S X N Y S R S E Z G
U K O R U K J P W Z Q P Q L E G D D J O
S C J Q W A P A D A F L D B B H Z P W T
R T Y T B S Z Q N C H S K P E Z W X E O
N C U G J T J K W O N J L O G P W Z E Q
O W J B X A W H V W Y B E K V B I Q X M
P J R D C N Z S V E D Z H A S G Q R E B
W J C A N D Y B O O X M I Z Q M Y Y Z M
P G X T H A B F B D R W Q B M D E J E P
B D N V D R F P R T E R F B I N C Z S Y
X A R I Y D W R H K W W L D U J X J B L
```

FIND:
- ☐ Carlsberg
- ☐ Crown Paints
- ☐ Hitachi
- ☐ Standard Chartered
- ☐ Candy

LIVERPOOL WORD SEARCH

CAPTAINS FOR LIVERPOOL FC

```
J O Y H M W J K J J G N A R U T P R U D
L O T A O B A P N D S Z R H S R N K Q U
R B E J P O M S T D A D L T C U A E Q N
J G W I G Q I J O G I Z H I Y W C C G E
D M V H L G E R R A R D N A H G O M S N
W W G O U S X T F E Z M L D S U M W A S
T Z M B N Y K U G I D D Z T Q M K L R H
H J I L Y M J J O H N K W I V F U J O U
Y O K V T Q K O X R K C N S A T V R H J
F V P W R I G H T S E I K A T O O I P E
C O C H Z B A N O I T L Y M P E R N X A
Q Y W E R K X N B H Y Y P I A P V C M R
A V M L R S Q B A Q N V Z U V A M E O Z
V F P A E N O H Y P W I O U D U T H N T
W X M N V R O N N I E V S N S L C N B L
L F R O Y U P M D Y E K I D P O C E M X
B A R N E S V X X G C C X A Q V L D D B
B L W M J H H K Z I A V C J O T F H Q J
F F S E O F D M B O V I M B H H S S B S
X C Y M W B D S O D U I E C X X J H H G
```

FIND:

- ☐ Ronnie Whelan
- ☐ Mark Wright
- ☐ John Barnes
- ☐ Ian Rush
- ☐ John Barnes
- ☐ Paul Ince
- ☐ Jamie Redknapp
- ☐ Robbie Fowler
- ☐ Sami Hyypia
- ☐ Steven Gerrard

LIVERPOOL WORD SEARCH

CAPTAINS FOR LIVERPOOL FC

```
V E H R M X C Q G P V T W A L V K W D S
U I L W W X P O H H Q S O Y M Q N U Z D
S V D H A N S E N R Q W S X M R O M Y E
Q Y E A T S M O N S L V O I O I Y Y D E
Y N U N I P I X U A Z Z E T W G A F R C
Q S A S E W T T J N I Z X B Z H L U E M
F L T E M R H T L K E R J Z P Y E F A R
A Q J N Z E U I I R M S R F U J U L L O
Q O W G Q M H F T V M Y S Z T I M H A N
K H T O V P E U R E Q Y W E C D S U N N
A Y D W D W H D G U C I D S J D G O K I
Z L M W K B K I L H G O Q Y X Y R J M E
J C D R Y B Q C L L E J L P T N A E L K
C V O F Y L S K G T Q S K P H O E S E O
G E Y W T W T P G L M Y V A O N M A M Y
M G Z V L V J S Z Y T D J M M H E M L J
I B F E N S K O Q N O C T A P Q R T Y U
D D P X D L V G X V C Q G T S D C P N T
V J L T V K E Y G H Y Z H C O K P J E U
L Y U I G V P M A G V Y R K N W W K I K
```

FIND:

- ☐ Dick White
- ☐ Ron Yeats
- ☐ Tommy Smith
- ☐ Emlyn Hughes
- ☐ Phil Thompson
- ☐ Graeme Souness
- ☐ Phil Neal
- ☐ Alan Hansen
- ☐ Ronnie Whelan
- ☐ Alan Hansen

LIVERPOOL WORD SEARCH

CAPTAINS FOR LIVERPOOL FC

```
D J Q F R F H L R P M W B F B O P G S A
C M O N E F X X Y B A Y G K J O H N N Y
H I J V T Z T A I T A Y L O R W T N B
C Z N L P P J H X T O W M N R A U H I
J T J L T W R T W H Y M A E U N R T Q
D U Y I L Q J Q B A K U Z M S G Z Z T A
O D K D B H F I U O F I L Q J M K Y D V
W Z J D W S W K S K T A L W T P H Z G U
Y N I E P P H I L V B P G P Q C A A S N
A W V L L C E A C J D V T A S Q O U L A
Y W I L L I E A O R C S L K N U F B K T
F Q J S S Y L G O L A X E F Y X R D U Q
Y H V D L E E Q P D Z I Q U P M B F B P
P X F L A U R I E J Z Y I J L C U V S F
B J I I Q E H N R U P Q P N J K C L V O
W B A Y E B J H I T X K Q A Y M R N I E
P I K C T H U G H E S H V W Y H A Z H S
B L E N K I N S O P Z P W X N X G W R J
X L H K F N H V B D Y C E F U R R O S Z
A W I H M F K A D Y B Y T H M N F N L W
```

FIND:
- ☐ Ernie Blenkinsop
- ☐ Tom Cooper
- ☐ Matt Busby
- ☐ Willie Fagan
- ☐ Jack Balmer
- ☐ Phil Taylor
- ☐ Bill Jones
- ☐ Laurie Hughes
- ☐ Billy Liddell
- ☐ Johnny Wheeler

LIVERPOOL WORD SEARCH

CAPTAINS FOR LIVERPOOL FC

```
Q N Z N S J V K N U M W O I C M N Z I J
F E K T J N T L D C H P I K J A M E S F
V N G B T R F U F V B D C X A C J O W Z
O Q R K G T Q Z Z X S E J A C K S O N I
F E E Q S V V L F R B P P E L I Y X P R
F P S C O G I B S S O H L H G N E M L U
R I B W P X Z H I H A R R Y R L W H O S
K T X L G L R A C K J A G U A A D C X D
M C H O I Z R L Z V J I B Z H Y I U F I
L O V V O D G H A P K M A S R K K M W N
X U R U N E L A Z K K I D U Y Q O O W J
R H E B V F O H H J Z A H F U T L R R G
Z Y Z B L O N G W O R T H O H I M A O H
I A S E K P G L K B R F F Q M L K N N Q
X C V I P H W P N A I U H O K T O Z N M
L H J I K G O D D A R D R C J D H W I M
X K Q W W D R U P J Q B C V D S Y Z E W
T A G K T R T O M P Z Y Y V H A N O U J
L E R T R E H Z S A D X Q I O K I O J J
B B D T B W X E Z H J C N A U G U I C C
```

FIND:

- ☐ Ronnie Moran
- ☐ Alex Raisbeck
- ☐ Arthur Goddard
- ☐ Ephraim Longworth
- ☐ Harry Lowe
- ☐ Ephraim Longworth
- ☐ Don Mackinlay
- ☐ Tom Bromilow
- ☐ James Jackson
- ☐ Tom Bradshaw

LIVERPOOL WORD SEARCH

PREMIER LEAGUE: GOALSCORERS

```
V B J X I B O S O D V R T E O I U P A H
E R M Y S P F O K D O E O P M Y C U A Q
M W C L E Y M C G O L J E E A R D L J L
I C R H D M D P N A Z H C H F L A I N E
D E B G I A F I N Z D B Y J E S N W R F
A P Z C I J M J Y V D Y F A Z F I X Q K
A W M I F R A B M T E J C Q Q V E L W H
Q L K V I T V C K E M I C H A E L C A N
Z Y E F O W L E R I O W E N I H J X U P
Y Q O F E A W E N D H T D S P L F F C R
F U W Z L R G E L Y A I I N B Z M B N T
G O V F F R N Y G N M K H I S C D E R R
A S Y F I A T A E O E Y S W E G P S E G
O X L Y L Y O V N W D E Z U O E F B E W
W C F F U E E J J D R H L I A R P É O Y
N G H K I T J M J R O B B I E R N O G B
U V Q E S A D I O Q V R L N X A E M E
M S R O B E R T O Q A F I W M R U Z F I
X A A Q S F S R Q S T U R R I D G E Q U
H K P A T O P Z U R N L J T P S M D F J
```

FIND:

- ☐ Robbie Fowler (128)
- ☐ Steven Gerrard (120)
- ☐ Michael Owen (118)
- ☐ Mohamed Salah (118)
- ☐ Sadio Mané (90)
- ☐ Roberto Firmino (71)
- ☐ Luis Suarez (69)
- ☐ Fernando Torres (65)
- ☐ Dirk Kuyt (51)
- ☐ Daniel Sturridge (50)

LIVERPOOL WORD SEARCH

TOP 15 - MOST EXPENSIVE BOUGHT

```
M G I K A V A Q D O I E S W E L Z I N X
A U A N B C S W G U E P H E L D L J O C
J R L Z T U W X X K F C M S A R R F V I
Y C E J I J T W O L B A O Q T K N J J B
T G G V Y Y P C W G N T H X P A Q A E H
C P Z Y H F L W K K O N A T É O I H M I
I E B B R A G F J E O A M N S H X P B R
D K Q D J B J I B I G B E L D U I Y J C
L B T O U I D T C T E Y D L T Y N Y Y U
Y S K I C N S A L A H I G U T Z Y E X D
G B S H A H I V T T R W D D R N I V W G
J W R V D O B A F P K R I W D S A A S L
P I L I C I R R P Q R Y O J B G L B F U
F Y U R P T A E V T N J O L J D I E G I
Y I S G X F H Z O P T A G U L R S C O S
X S D I Y W I I Q M A Q J O T A S K Z P
T D I L Z M M I B Z I W G Q H Y O E A E
M R M E R Z A X E X A O J L R A N R M U
Y R D E C G P G S F I V J S H U K F X S
W Y A W Z P V Y L D A R W I N Y D X J Y
```

FIND:

- ☐ Darwin Nunez
- ☐ Virgil Van Dijk
- ☐ Alisson Becker
- ☐ Naby Keita
- ☐ Luis Diaz
- ☐ Diogo Jota
- ☐ Mohamed Salah
- ☐ Fabinho Tavarez
- ☐ Ibrahima Konaté
- ☐ Andy Carroll

LIVERPOOL WORD SEARCH

TOP 15 – MOST EXPENSIVE BOUGHT

```
Q O O K D Z B V L N I R A X X J O Z R H
X J L O D F V I O B D E G P F H O L R X
T C M S A S V F D M G B O V U T V H C A
G Y D S H J K D L L R P X W R C Y F L R
L V I A S W H A O J L U Y E E L K P J Y
E C I Q O J U L W T J N B E L W P K P R
S H E Y X L V Z J H A O V U Z R T K L M
D A I V G I V G F I R M I N O Y G G A Y
V M D C N W J J T A N H M B E N E Z U U
K B D I S M X S S G I N T D G W Z R E E
V E B N O S I H D O H K X E Z B E H B J
A R M O D R O N B D X T Z C B G C Q J N
K L A S H D L B M N G L V H E P T S H J
L A L C A N T A R A C X A V L K H P H C
Z I J Y I B B L H G N U M D T Q D P Y X
Y N Y I H G Y E H L M É P Q E D F U Y C
X K K D C C F X E U A I Z G K Q G W D Z
W M C G J J S Y M S K X C L E V K T T E
U V W T D M G Q I E V I T A F Y M A Q A
B L D Q M T X X X D V W M R J D A T Y T
```

FIND:

- ☐ Alex Oxlade-Chamberlain
- ☐ Christian Benteke
- ☐ Sadio Mané
- ☐ Roberto Firmino
- ☐ Thiago Alcantara

LIVERPOOL WORD SEARCH

LIVERPOOL'S CUP FINAL TEAM IN 1914

```
Z Y I M G F A Y Q X D H N Z H I W S V K
E R V Y N M Z Y E J R E L M K J Q C W M
C T O D B C Y C X T C Q L G S I R D K Y
U G C T H G Z W B O X R T V I E F I L C
S W K O X B K G B T E W I L L I A M U B
G G E C G A Z C A M P B E L L G I X C G
W N Z C I U C Y G G K N I N F J R E A I
B E E G R G N R K P T M C H M U F V U U
E P R J C I L O N G W O R T H L O Y G Q
G H N V V S R X L A C E Y T A W U L Z Q
F R S W O F Q A H O R T R C B M L A Q U
J A C K I E K Q T I W A T O O L Z Y A
D I X P K R O B E R T E S T H O M A S R
W M R X W G F I W K M Q C C X A Q P B J
U R E F Q U Q T K F E J I M M Y R U Z I
J W B P C S H E L D O N U G D X I R L Z
V F U H Y O U N V S M Q D J Y S Z S Y U
Z G Q S P N N I H G N H Q M R O B E R T
D B J R I A V I U Q R D Q W G X G L E C
H J X B U H G S M A S G F F F I P L U R
```

FIND:

- ☐ Ken Campbell
- ☐ Ephraim Longworth
- ☐ Robert Pursell
- ☐ Thomas Fairfoull
- ☐ Harry Lowe
- ☐ Robert Ferguson
- ☐ Jackie Sheldon
- ☐ Arthur Metcalfe
- ☐ Tom Miller
- ☐ William Lacey
- ☐ Jimmy Nicholl

LIVERPOOL WORD SEARCH

THE WORST PLAYERS IN CLUB HISTORY

```
D K H F K I Q Y G H M B N X Q W K Y J A
X U S Q P T H J T X I Z S K U L M D L P
U D Q O G T D F H J I M M Y P K O E A N
I T H J S Q O Q Q B S H E K J Y H M I C
D E K G I P W R H F T M N O J C M R Z E
W U P R Z D K T B V N O Z I Y S J R W
L E H I Q X E M F E A I E M E I J E R T
K I P P E E S T A N N E R A X Z I A E G
D G E N I C K Y J O I A N E V V J N Z S
L O T J X A H A T E V A E W A M H E T Z
C P Y C D R G N F R O P E X B M S G U I
N L R C V T A N I I E E U F E R R I U Q
Z V V W E E D B G K D U X E L O A K O W
H W L Y W R N N P N O M J J C B Y C K Z
J C U D F Y A D U L M M W D Z L G N Y G
I I V U M E F D G N K U U Y E W U U O Q
H U T B S X I M J B E S K M Y C O C R U
C E P Q O W V E J M H Z P C J K U Y S F
F K A I K L M W X V R J B E A S K A R F
W G T Y A C L Q A C E D W X M J B V F F
```

FIND:

- ☐ Nicky Tanner
- ☐ Sean Dundee
- ☐ Jimmy Carter
- ☐ Erik Meijer
- ☐ Torben Piechnik
- ☐ Istvan Kozma
- ☐ Jean Michel Ferri
- ☐ Abel Xavier
- ☐ Frope Kippe
- ☐ Antonio Nunez

LIVERPOOL WORD SEARCH

SQUAD DURING THE 2004-2005 SEASON - 1

```
B V W P N A V V F Q H X Z B O B G I H U
W J F B B V W W H Z T Y R P D C L R Y A
E X V D K L X W R B I J X Y Q Y H U Y R
V T V U R D O W L R P I V Q W B C R P K
Z T Y U D E D V N Y C V H T V M Q Y I E
K G R O O Z G G I F R M V W G Z A S A S
A P Q Q V P P T Q J W N J A Y X S D H E
K V X Y V P W L G Z B T U T Q I N T L B
Z U J W P A T R I C E J V W N R O Y E C
R W I E S S U F T N E N I O Q I J C T P
K Q J Y F I N N A N S Z S G F P A M B O
A T E W H V H H Y C U R E Y X L M L P U
Y F H U G S P A U L A N H B G H I Y O F
K S T E V E L R R C A R R A G H E R T S
Q A E U T M P H G R V J A W J E R Z Y E
Y M A S O Z N Y K K I R K L A N D I T N
H I Y C M W Y S P J O S E M I C U O Q G
S T Z O Q E T S N A X D O G F H D C J X
A G X T N G K Y C W V Z S N J O E O F V
K P M T E B Y U U G X I V K A Z K T K N
```

FIND:
- ☐ Jerzy Dudek
- ☐ Chris Kirkland
- ☐ Paul Harrison
- ☐ Patrice Luzi
- ☐ Scott Carson
- ☐ Jamie Carragher
- ☐ Josemi Rey
- ☐ Stephane Henchoz
- ☐ Steve Finnan
- ☐ Sami Hyypia

LIVERPOOL WORD SEARCH

SQUAD DURING THE 2004-2005 SEASON - 2

```
Z U U Q N V M M C W S Z P E W Q P F Q I
P E Q C F W S W P Q R E C Y Z P G O M O
Y Z M A Z P L X O V Z O M C E U W E R L
Q C P X M E N X Q F G J B T T R A O R É
B J P S S P D Q L V H U R G E R R A R D
C S Z T T E L O P E L L E G R I N O C V
L I C A V E L S U R I K R L Z E O Y V L
T O C P O U V F G W I E D M V A C U B V
X X A V V Y X E P H C W A A N R K T R X
Q D Z J T H H G N I E E R U C W Z H Q E
A Z F T P V X H M T R L I R M P Z Y V S
B K V X X O O S A B D L I I I T B O U O
R S Y Z V J Q H L R V Z S C N L Z T B C
T M N T T J A R N E R L E I M N D S N R
A C K B B S F E Z A B Y A O E F T E M T
J R J T N Z V V V D A V I D V Q H M N V
A I L C D O G Y T F J F J G I P I O H A
A Y N T A Z J R C T P I S F E M J B G O
G L X F V N Y A Q M O A M T E L I O A M
F R U V X H X U A Y T A S I J Z N R T M
```

FIND:

- ☐ John Arne Riise
- ☐ Djimi Traoré
- ☐ Stephen Warnock
- ☐ Jon Otsemobor
- ☐ Zak Whitbread
- ☐ David Raven
- ☐ Mauricio Pellegrino
- ☐ Steven Gerrard
- ☐ Harry Kewell
- ☐ Vladimir Smicer

LIVERPOOL WORD SEARCH

SQUAD DURING THE 2004-2005 SEASON - 3

```
X K Y N X S O Y V U X Q R G R Q P O M V
A I D O I F D H H P N H U R I G O R I I
C D J F I S M B R B T W I B J A T I Z K
L D A L U W P H T Y D K G I H A T C G H
I D O H I E D N M H A L M M W B E H Y H
P D I O I X I S H A R T 1 X O G R I H F
S K A Q B T F L S B R H Z L D M D E E I
J D L R M Z T E S R E K Y I U I L V G N
L Q W I O B L V V I N T R V D I A O X B
B O W S Z Y Q L W V F T Z G I Y S C I J
F F Q B Q C E P H X R H Q J S E V C Q C
C X A B I H S V G A R C I A I W Z T B C
W E L S H S A P P N V D W S A J Q S L K
M R O D A S C M B T I V M C B D D S W A
Q N N W I L Q A A O X B B Z M U K Y J J
N D S U R G I Q N N K O D H O E H Z B L
R K O A N R K F W I N T K U N K Q E F H
X X D T N E A M J O H N M F P B J P U M
P C A N U J Z K G Z N U T W S G U K Y A
Q G D G N L F Y V C I M E Q I X I Q Q L
```

FIND:

- Salif Diao
- Didi Hamann
- Igor Biscan
- Darren Potter
- Richie Partridge
- John Welsh
- Antonio Nunez
- Xabi Alonso
- 1Luis Garcia
- Mark Smyth

LIVERPOOL WORD SEARCH

SQUAD DURING THE 2004-2005 SEASON - 4

```
N N U H M E X E E K F K S M Z M V F K J
Q T D A J M S U X R G O F P E C C G L F
N A J Y P I I I G M Q Y L X J J E O M U
K U X R H C N L F Y P F Q F P K T A Q S
K A S D U H A T A X E Z G I F V K Q Q H
V R H V T A M D N N Z A D Q G A O S X T
R O B B I E A R T U O U Q P A A N H Z Q
J J F P Y L - F H C X J I W R W S D R D
D R D L O L P L O M E Q B V R F Q H I L
E J C J Q T O O N Y K Q O B M U O K V D
S C I N Y W N R Y J K D W L E X F P O C
K S S B S A G E O F N S B A R O S I N Y
T A S B R Z O N T A X B J N J E T E H T
Y X É O T I L T N F S N O U T C Z B C V
K H X Z T M L R A Z D L W N I I X R H V
W C F J G L E Y T A L L E C B Q R Z D U
L Y X C X F R L B R C I N E I L P J A E
H Q Q O Q B X X L Q R S X P U Q W I Q G
A Q F O E L G A A O F E U M V J C D I L
B A X F X U G A M M R C A E J L J I J Y
```

FIND:

- ☐ Robbie Foy
- ☐ Anthony Le Tallec
- ☐ Djibril Cissé
- ☐ Milan Baros
- ☐ Michael Owen
- ☐ Florent Sinama-Pongolle
- ☐ Neil Mellor
- ☐ Fernando
- ☐ Morientes

LIVERPOOL WORD SEARCH

MOST CARDED LIVERPOOL PLAYERS

```
A R Q N X V P W J B P E M R G U D V T E
W E S M O N R E N E I P P R H L D S V Q
W Y O K W D A E Y V R S E W E T J R A J
J A V Z E I V Z K E K I R A N L A N T I
Z K D H X E F T Z E V U R Q D X A U U L
V P Q P T T F C J A M E S D E D W V L X
N E K S A M E Z J M N U X K R W I F K C
E P P J A A Q E N L C Q J O S Y W J W U
G E R R A R D R I E C P J R O J K V T U
F I W Z J Y X M A S C E R A N H O D P G
M B M D F Q Y U W A B I P N M P A G G T
T O A S J W F L W R C F O W L E R G L V
G D K T E J B X Y S T S O N U R S M P T
V C A R R A G H E R P T D D J B F T R Q
X U U O G M S Q P M E E F B M E H B F W
U U L B F I P E O T D I A V D W J C H L
E Y R B B E O H A M M A N R D D E N W W
E M K I C O T O R Y H P V A I H T O C L
E Y Q E J I N H T W O N F I N N B T Q H
P I K R I T P H S D D A V I D A G W X E
```

FIND:
- ☐ Steven Gerrard
- ☐ Javier Masceranho
- ☐ Robbie Fowler
- ☐ Pepe Reina
- ☐ James Milner
- ☐ Dietmar Hamman
- ☐ Jordan Henderson
- ☐ Jamie Carragher
- ☐ David Thompson
- ☐ Jay Spearing
- ☐ David James

LIVERPOOL WORD SEARCH

'YOU'LL NEVER WALK ALONE' - WORDS 1

```
T Z G E N Q A K A R D E S N I E G I A E
W V V X R R C Z G X K H N Q T N C S I I
L M C Q C M C G C J O Z V B T X E J M V
O A D F G W R B U V C O A R S J T E U E
P V X X G L M M X V J T G M U K J X J G
V A M H H A Z D I J E Z O H G S D G Y V
K F E Z L I H N X I W A L K A W U O J P
J P P G L I E N R J F Y A G B C Y O W
P V M V Z S T L G Z I I R E A X Q J O R
R J B B R I H C D J G V K B Y X G S T U
W T P O A B R E E F I R E F B Q R S L H
F U O D E T O W A J A F L X J K Y I D W
N U B D J A U W H D M Z X Y M I Q D J N
Q A X F Q S G A R T F V Q R G V Y G W X
T E Y J E W H U A R N R O E V Y B O H O
W U X K Y G U T I E I T X N J Q Q A R B
K W Y K E M E C D N S W E E T Y N F V E
G J S Y E I M L Y N O J F B G I L B B D
E W Q R I D O S I T N H K I H O M T H A
Y S W J O G L J O F G C F W R M X J A Y
```

FIND:

- ☐ Walk
- ☐ Through
- ☐ Storm
- ☐ Head
- ☐ Afraid
- ☐ Dark
- ☐ Golden
- ☐ Sweet
- ☐ Song
- ☐ Lark

LIVERPOOL WORD SEARCH

'YOU'LL NEVER WALK ALONE' – WORDS 2

```
M K E Z L Z D S U V I I P B Q T H H K V
Q L J Q U L O R X Q K L P E U B A A P K
E L N Z K X J A G V I O T J P B A N E A
K L V E L X S L G O S G R A Q E Y K G X
B O K C H W R G O T A N V P Z S Q I N M
E Y U S C C W S S L D Q G H Y W B S X P
F M W N O F K C B Y N P W T T D T R Z E
Z Y O D Q J G O Q C Q Y K Y H R C G E X
R T R D T X N U N O V C J S S P H Y T W
E Y N W L Y I O F Y M B D A N C N G H
U I F C P S A V Z G R N R R J Z T I K A
W A L K Y U I S L I H V E A M U P W Q F
J A E O T O F V Q Z B J A V N D P M I S
C N D S Y O J W U U R O M A E K K P M Z
Z O U Q M T Z R T E J B S S Z R U G O D
C M I N M L L U P R N L S Y U N H P O R
T B P M T X M O B I K O T G V A W A N D
K Y X B B Z H E A R T W O O U C R R F R
C E R F T R B R A L O N E K E A H D T E
P U V Y G K X Q R Q R B A X Z U V J E C
```

FIND:

- Wind
- Rain
- Dreams
- Tossed
- Blown
- Hope
- Heart
- Never
- Walk
- Alone

LIVERPOOL WORD SEARCH

FAMOUS LIVERPOOL FC FANS YOU MIGHT NOT BE AWARE OF

```
U E H G R C G V F P X Y B W G G W K K M
V L U Z C A P N G N E E S O N T Y F V D
T P H C A Q E D Z D X O Q Z A K S N N Y
E V D T R W Y W X F J W P N C P C Z F H
Q K J A O A C W H R O O A I Y Q C W G M
X E T H L M L C L L H L R A T P G Y F N
T R A Q I Y L R M S N N F C P T R K Q Q
N W N W N Z Q I I T Y L L K J S T F F Y
U U C X E J O B N Z Y E K I M Z D E U Z
S O B X U L C X R S D P B K A Y O U U G
Q Y F M G O A L V A O P N H B M N Y N S
U W T G W H T V Y N D N T H J S J D I P
T S H B Y S T O K J H T L J N J K R O S
B H A S K A R D R E S A O K J D H S Y E
T M G A L L A C H E R M E Y S I U Q M U
C H I Z D C L W L V Y K T J X S E R Z Q
O F I Y Y Q L Z P G O S H Z F V B P A B
Y B L R P H N I R W R J A M O U M O D C
M S O D D R C L V I V W F P I I S C T Y
F W P B K G T Q K E P T Z M M R R Y D I
```

FIND:
- ☐ Liam Neeson
- ☐ Lana Del Rey's
- ☐ Ricky Tomlinson
- ☐ John Bishop
- ☐ Brad Pitt
- ☐ Clive Owen
- ☐ Kim Cattrall
- ☐ Caroline Wozniacki
- ☐ Sanjeev Bhaskar
- ☐ Kirsty Gallacher

LIVERPOOL WORD SEARCH

LIVERPOOL'S 10 BIGGEST SALES OF ALL TIME

```
K W B L O H U B K T S D I A Y E N T R A
Z Z J L H O Y M X I T A G E W V U Y S S
Q N V B D Q O A A S P N K V V O N K R R
U M Z A L I V S J N I D H Y D C V D E
X P M Z K I G C N L E Y A Y O Q J K H T
Q A M J J X C H R M B I U M J W H K W X
M L B N T O K E F V E F E D R W W Q A A
C O S I C R T R O U E T Q D G F X Y J G
Q N B S H S V A R S J K Q F E T Y V F M
E S M I R U O N S I D J A X H E Y O Q H
C O U T I N H O G U W B U E P U D J I S
H A J P S L U Z V X U B L P P N P S X T
O M R U T B E L U I S M I A A Y X Z C T
L I I J I R D A B E H L R N Z N Y F B J
E O N J A V I E R V I R R F E E A P I R
N R G U N V A R A H E E M L S L S C M M
R H S A D I O P P N F K F U B O L S S H
L C B E N T E K E G U X P K S B L N K L
R N V M N Z W R W N B R T Y G O T G U Y
N O J L R U M C T Q W B D Z O G F C X T
```

FIND:

- ☐ Javier Mascherano
- ☐ Danny Ings
- ☐ Mamadou Sakho
- ☐ Xabi Alonso
- ☐ Christian Benteke
- ☐ Sadio Mane
- ☐ Raheem Sterling
- ☐ Fernando Torres
- ☐ Luis Suarez
- ☐ Philippe Coutinho

LIVERPOOL WORD SEARCH

BIGGEST WINS AT ANFIELD

```
S C V L X N F N I B B Z E E P Q U U H F
T N R F E N Q U V P C D I F T E H Q D I
W C N Z E S L P R F E U R W S N K F K P
H K W K S T Z T T L Z N H Z R M K C G N
M N T X Z P Q X G Q P D R I Z S W A W Y
Z R U G R O T H E R H A M F Y T R D S X
E A K H K E R Y C N M L L X V R B V T D
C D Z K Z U N K K L G K G L O Ø B U G S
L X V I G E I Y X I M C W T O M L M V P
A S M F F W X Z S L S O M S R S C Q Y X
V V Y R M B L B I O S V T S M G E T O F
G R Z K G O L W X F J W T K T O D U N P
A U B B Z E U A U L V O L A P D Y V R Z
Y C X J G Y K L A O T N F T G S Y R P A
H X U P H E S T U R R O M U M E G B P X
E V U L H H S O N ( W V W U L T H W A T
G Q P G O Y H N E W T O W N N H S M L F
N R R L R I T D I G Q S R Q I I A J A U
O T C C M Z E S M P X U V W B N C M C C
L D E N P S Q E D Z B Z O K H I G H E R
```

FIND:

- ☐ (11 - 0) Strømsgodset
- ☐ (10 - 0) Dundalk
- ☐ (10 - 0) Fulham
- ☐ (10 - 1) Rotherham Town
- ☐ (10 - 1) Oulu Palloseura
- ☐ (9 - 0) Newtown
- ☐ (9 - 0) Crystal Palace
- ☐ (8 - 0) Higher Walton
- ☐ (8 - 0) Burnley
- ☐ (8 - 0) TSV Munich

LIVERPOOL WORD SEARCH

BIGGEST WINS AT ANFIELD

```
C T Y K F L E E T W O O D V Z S E O V Y
J R H L U R W Q W O U L U P Q X E U G B
R N K G L X Z P O R T S W A N S E A U S
N U I V H Q Y R L F M T N Y I Y G W C O
J C S F A O E E U H F O E U I X Y P Y T
R I A Z M X X F S R G K H N S S G N D I
P S A I F E R W Q M R E W P H P O J J E
P N B P L E N N W X W S B O Y A G E P I
X X L L E J D G L M R O V C S L M Y I O
Q Z C T D N N U E E J H U U B L N K S Z
G M M T D J S L G L F T Y S T O F Y T A
I G B V E E S N K Q C X O I E S X D C C
L L W V G R A M C I T Y V A L E Q K H Y
T O C P U R C W I B H O T S P U R B F D
R E B B E S I K T A S R W C B R C B M D
D A W F P Q T M Y M W K F N V A Q R O D
Q V N N V R H D S R Z L Y K I U S L D G
E Y W T N Y I K E B V K N Z Q V M G O O
R L W W F W E S I D Y C N J M L J H U B
A O M H C H G L L H O W N D X M U H B R
```

FIND:

- ☐ (8 - 0) Swansea City
- ☐ (8 - 0) Besiktas
- ☐ (9 - 2) Grimsby Town
- ☐ (8 - 1) Burslem Port Vale
- ☐ (7 - 0) Fleetwood Rangers
- ☐ (7 - 0) Stoke
- ☐ (7 - 0) Fulham
- ☐ (7 - 0) Tottenham Hotspur
- ☐ (7 - 0) Oulu Palloseura
- ☐ (7 - 0) York City

LIVERPOOL WORD SEARCH

WORST LIVERPOOL MANAGERS

```
M A B B U A X I R T I Z P W G F W H K K
N B F N T J D V S Z C C P A A Z A S P J
A F L E H O D G S O N N I J O E X D U U
X Q K S V N H K X B P R R G K O V G E E
G S L B J H Q A A K Z O R V V H H R K P
E E R N M E K E L Z P U M G Y U T X S Z
W C O S G N J U U N W L J J U V J Z S E
F D Y R C S T O P K S V O T M E U U D V
F P O E G A N U J Z N S C P U Z C H G P
N E V Z G E N C N D Q Z G T K G O P R Z
G E K N E E K O S T F V M U X W L L G O
K A Y U H Y S D P R M B J V D F D M O A
D Z Q Y X R S L C C G B R P I T C V I E
S C G Q E O K N X M U P O N C J Y U T W
M A T T M O N C E W W O Z W T Q S I X Y
U H T J P P K Z F R N O T Z I R N A F I
T A Q P C U R V N B T D W G Q D P Q L D
P H C O I K Q I C P R E F Q M Z D I E F
P X T X X L O R H D V S A C W Y G F I E
L M O G W X O N J G M V K L W G N E Q W
```

FIND:

- ☐ Roy Hodgson
- ☐ Matt McQueen
- ☐ George Kay
- ☐ George Patterson
- ☐ Don Welsh

LIVERPOOL WORD SEARCH

LIVERPOOL PLAYERS – GAMES WITHOUT SCORING

```
P K L N J I P G M L U N H U G K F H E H
C A G G G A E W X U S R S F M E G Q F Q
K K X N O V P Z Q Y E F F V D P Q O E E
H I E S I R S B I H U P E A U A R T X F
N S L Q A O Y E G S E N P W P P V P C L
Y H G R O V I A V Y A N U H F A Y K F E
J R L B M M R T L H Q H C P T Q C V L S
Y A X I A R C L P J M J F H L R S W Q J
V D N J A M I E U A A O H K O S G Y K O
Q S U C H B T I Z C L N Q X N Z Y S Z I
P G A N A S B V D A A E V W G M U I P C
H M C T L I S A D R N S F U W O L H Q U
J V H T Z O W H U R P N A F O G X J M Q
F A Q A N E P H R A I M O E R P A W D U
S O S L V I N F L G A E A I T S U N X P
T C L E G A V I I H X G H Z H U V H D D
Z A T E R O N N I E Z W Y H T Y L I H P
W S H O W O M N Q R Z L M O Q H M U I L
M O M P T A B A X J S Q O A Q L I N V N
A H J Z D H A N S E N H F I S R L J W M
```

FIND:

- ☐ Ephraim Longworth (370)
- ☐ Jamie Carragher (305)
- ☐ Rob Jones (243)
- ☐ Jamie Carragher (211)
- ☐ Ronnie Moran (210)
- ☐ Stephane Henchoz (205)
- ☐ Lucas Leiva (200)
- ☐ Billy Dunlop (189)
- ☐ Alan Hansen (182)
- ☐ Steve Finnan (182)

LIVERPOOL WORD SEARCH

PLAYERS WHO HAVE TAKEN 5+ PENALTIES FOR LIVERPOOL FC

```
S B B S P M N W P D F I O Z E W G H F C
D N A X A H R G I P R L H Y E J J Q B T
F M U E R L V X M L K L S W R U W J O U
N D V U K J L X W E L W H E F P I O U N
C S I Y I W B E A U G I V S X V L U M O
P O V N N A G Y V A W I E A H Z L P H F
V E B D S L S R G V L M Y L V Z I D Q A
B K J T O T O R U D A B O A O G E S L Q
U F K N E E B A J A N S H T Q U X J S
J O L Y S R K V W O A N G X Q W T O B D
N P L Y U S F R E H T C N L M B Q H H T
O V E Y K M M I L N E R K Y C Q O I O J
X O N T N Y M A O P S G B J Y M Ø L B Y
O N S V A M U D R Q H O D G S O N T P Z
D C A O F P R Q Q K K Y N X Q H G V U E
X T O R A O P R A S F X P L S A Q B E X
O Y K T G M H M E Y I Y W C L M H I R X
R C S C A C Y Y A L D R I D G E Z L X D
Y D Y A N I U Z C H L B S L O D P J S E
Q T P H T U Z Y L U L A L I O I F U J Y
```

FIND:

- ☐ Danny Murphy
- ☐ Mark Walters
- ☐ John Aldridge
- ☐ Jan Mølby
- ☐ James Milner
- ☐ Willie Fagan
- ☐ Willie Stevenson
- ☐ Mohamed Salah
- ☐ Jack Parkinson
- ☐ Gordon Hodgson

LIVERPOOL WORD SEARCH

LIVERPOOL'S MOST BELOVED PLAYERS OF ALL TIME

```
G L F P K T D O N R M A L H W I V H R E
F E Y N K B K R M C L L B Y L V D W R C
K N J F I X Y M Y L C V F M D B M R E J
I L C K F B Y M V B E Z Q P U S U T E N
C X T B A Q F R P V K I M S I T Y L Z Z
H Y M Q X P E P E G C F Q R L G S M C Q
G K S A B T K O V J R L S S H I W V A G
W T X P E Q H V V X L O X J D P Z B L B
I G L P A O L M L P U F E N V W U V L F
K Z O B R P D C O W E N D G L I H C A S
F G N O D V I A I L M A V B Q H B O G U
C E T Q S L N L B A B L E K G A I J H Y
E E M X L I B L V R Q Y Q G H J C R A C
B U B F E X L I O H U M J D O M H W N N
F U J R Y E P S H E U C A H W A H I E P
M L Y O U U Q T V R O G E R Z G L G I Y
R C E I P T S E M L Y N H U I I J A I P
N K V H U N T R G R O B B E L A A R N W
C T H A N S O N V R V E H L S N X Y Q K
A P X O I Y N Z G D G Z G R G P B Z W Z
```

FIND:
- Gary McAllister
- Ian Callaghan
- Pepe Reina
- Peter Beardsley
- Jan Molby
- Bruce Grobbelaar
- Alan Hanson
- Emlyn Hughes
- Roger Hunt
- Steve Heighway

LIVERPOOL WORD SEARCH

LIVERPOOL'S MOST BELOVED PLAYERS OF ALL TIME

```
O J Q G E A V L F M F N M J W S F Y I C
V W C N U D N O Q N G C C L M P Z U C Q
N P O S N M F F K J G L N F H R H C L B
M H V R F C K A X H T K W S P G I K A H
X I E H H V P S T E V E N W E U I W J A
D G U W M K C E C H H C P N V P U Q A J
W B D J D E C N S N K K A N N W C Z W B
V O J M A L E I X P F G T A B R L F U G
D L L U F M L W Z D E G L C X O I F C T
U U G H E G I O X E Y L X K D B W Z E S
H S R L L O B E K E V I N V Y P F F A V
S R C A R R A G H E R I L V Y X Q L O Z
P N D M I I H M I V N A C J M R X E H Q
N O R Y P V Q B A L O N S O B U A I X D
T G Z Y H F B A C Y I S Y E I S N Y C D
B T Y O L O T R D W N Y N K V H A I K G
S H Q Y R W X N G Q J P B N O O Z M K D
E A Y N K L G E R R A R D J M X A B I Y
K J W X M E J S E G W E Z S R Q C G K W
N S D N Y R F E L K T M L H X X I H G B
```

FIND:

- ☐ Xabi Alonso
- ☐ Ray Clemence
- ☐ Sami Hyypia
- ☐ Kevin Keegan
- ☐ John Barnes
- ☐ Jamie Carragher
- ☐ Ian Rush
- ☐ Robbie Fowler
- ☐ Kenny Dalglish
- ☐ Steven Gerrard

LIVERPOOL WORD SEARCH

LIVERPOOL PLAYERS – YOUNGEST DEBUTS

```
A P O X L B A Y M S T H O A G R E X N F
C N E C X F U B G C L U J D L M M L R H
Q Y W L Z G F M Y R V M B K D N K M A F
H Z S J H Y Y K O T F S G F O E R T C Q
A H C P H Y T Y A Y B Z L S L A R G M E
A I U X F L C G V W Z W R I J J F Z X D
B I F Z K Q S F H U F X N E O C I F K
W D F S X C B C K Q B G A C T D L W V I
J G N G V L P H Y B R D E L L I O T T H
B Z P A Z V P H O X J C O A H P F O G F
E U S S G Z V D J E X K U I G H D Z O K
H W J A G K S D P G V N N R B K A S R F
R P O X K U J G Y K A E O B T E D M D Q
C L J O A T J E J D A F R O B I N S O N
E H U L D R D M R O T O R V K K S J N E
G U I X J B T L W O N K I - J A N A J Y
C Y B B E X U N J A M E S Q R I O C E L
K Q P I P H A R V E Y E S V Y D G K M I
B M V Q A C K Q N R E W G F W E J Q Z P
G X E V A V J S H A E Q X C L U W P F N
```

FIND:

- ☐ Jerome Sinclair
- ☐ Harvey Elliott
- ☐ Jack Robinson
- ☐ James Norris
- ☐ Kaide Gordon
- ☐ Ki-Jana Hoever
- ☐ Ben Woodburn
- ☐ Curtis Jones

LIVERPOOL WORD SEARCH

LIVERPOOL PLAYERS IN WORLD CUP

```
I C U E Y X F R F C D J D F K M Q S Q R
J Q I S X M I P G D W M A L D T L T Z N
L S U R O G Q O J S B K W O A Z X N R U
W S Q I Z U O J E P D X A L A Y T Q E E
Y P Z C H X N H Z O W H H M L O V R E N
A N P C R X G E G X D T G H E R M Q I P
M D Y W U U Y N S Y R R O V X R T C G C
C D J L H J G D V S K G B L A U R I E F
I R L V G Q Y E K E I Q F P N Q K Z J L
G J Q Z G F O R J G X G F H D R N P T T
P Z G D R T O S B V Y S C T E M X K U U
J O R D A N Z O G M M Z A G R S O E A J
M W L A E L T N M S R E N W A V B N C M
W B K T M R G O P N W U F I R M I N O F
N X X M E C T L A M O M D H N Y V Y U O
O A E B G H R J I Y N J H N O I E N R F
X M O H A M E D K S K Y T O L N W C T V
E R Q L M D N A U Z H O P K D G B G N L
A L A N R U T W J H J W J K R O R B N J
S S K Y M S W N U N P I Z T T H D R X Y
```

FIND:
- ☐ Laurie Hughes
- ☐ Alan A' Court
- ☐ Tommy Younger
- ☐ Kenny Dalglish
- ☐ Graeme Souness
- ☐ Roberto Firmino
- ☐ Dejan Lovren
- ☐ Trent Alexander-Arnold
- ☐ Jordan Henderson
- ☐ Mohamed Salah

LIVERPOOL WORD SEARCH

LIVERPOOL PLAYERS IN WORLD CUP

```
M M C J F O J C G G K A F Z H G K P C R
J W E K I J A V I E R Q I S Z O J E Y E
E N C R X B O U U X U O N T K E O O E D
Q D A G G E R H Q H S A P G Q D S W G B
B U U E L S R A N W C O Y K V U W Y N K
A F B S T E V E N S S A I B N F J Q H V
D F E R N A N D O T O R R E S R F Y M I
M S P K K M V K N C T N T R O R X W A G
T I C S R R A L E D I R K S A Z H O S U
B J J A M I E X F T R X T U L G N I C E
I D A F G I R Y I P I N V H Y M H K H O
N B Y R N N H D T S O I V Q T T D E E X
S A Y A Q Y L J X O S Z Z S M Z G D R M
G K D L H H R V S S Z F E J P L A H A K
L E R O D R I G U E Z O B P W X W D N M
M A R T I N A N B F B H W Q F W O I O C
I F H R E R S G Z I C Y R H A K F N Q O
L D E U A L E Q T D W N Y F E T B I G V
H F E P D R E X O K Y B X R D P I D F Y
N A R X O K D M K W U Y F R E J F K J V
```

FIND:

- ☐ Javier Mascherano
- ☐ Maxi Rodriguez
- ☐ Daniel Agger
- ☐ Steven Gerrard
- ☐ Glen Johnson
- ☐ Jamie Carragher
- ☐ Sotirios Kyrgiakos
- ☐ Dirk Kuyt
- ☐ Martin Skrtel
- ☐ Fernando Torres

LIVERPOOL WORD SEARCH

Printed in Great Britain
by Amazon

48531501R00057